文物

董杰 ◎ 主编

活起来

以物说史
见文明
同心共筑
中国梦

AR版

内蒙古人民出版社

图书在版编目（CIP）数据

文物活起来：AR 版 / 董杰主编 . -- 呼和浩特 : 内蒙古人民出版社 , 2024.1

ISBN 978-7-204-17382-2

Ⅰ . ①文… Ⅱ . ①董… Ⅲ . ①文物—介绍—内蒙古 Ⅳ . ① K872.26

中国国家版本馆 CIP 数据核字 (2023) 第 012346 号

文 物 活 起 来: AR 版
WENWU HUOQILAI AR BAN

作　　者	董　杰
责任编辑	王　瑶　贾大明
版式设计	李　洋
封面设计	王　宇
出版发行	内蒙古人民出版社
地　　址	呼和浩特市新城区中山东路 8 号波士名人国际 B 座 5 楼
网　　址	http://www.impph.cn
印　　刷	内蒙古爱信达教育印务有限责任公司
开　　本	880mm×1230mm　1/32
印　　张	4.5
字　　数	150 千
版　　次	2024 年 1 月第 1 版
印　　次	2024 年 1 月第 1 次印刷
印　　数	1—3000 册
书　　号	ISBN 978-7-204-17382-2
定　　价	38.00 元

图书营销部联系电话: (0471) 3946267　3946269

如发现印装质量问题，请与我社联系。联系电话: (0471) 3946120　3946124

编委会

前言

　　习近平总书记指出，中华文明源远流长、博大精深，是中华民族独特的精神标识，是当代中国文化的根基，是维系全世界华人的精神纽带，也是中国文化创新的宝藏。

　　本书通过内蒙古 56 件精品文物以及数字化媒介，来讲述我国"百万年的人类史""一万年的文化史""五千多年的文明史"，让读者在"指尖"直观感受中华文明起源、形成、发展的基本图景和演进路径，让文化遗产"活起来"。

　　本书分为心智初明、旭日东升、崇威耀德、泱泱气象、海纳百川、风云交融、万流归一、匠心璀璨、红色印记九章。精心选取内蒙古不同历史时期充分体现中华文明符号与中华民族形象的 56 件代表性文物，生动阐释了中华文明在对话自然万物中起源，在各民族交往交流交融中发展，在海内外文明交流互鉴中绚丽多姿的历程，全面展示了中华民族共同体发展路向和中华民族多元一体演进格局，以有形有感有效的方式，切实铸牢中华民族共同体意识、建设各民族共有精神家园。

目录

第一章

心智
初明

　　本章以在我国发现的年代最早、规模最大的古代石器制造场——大窑遗址中发掘的龟背形刮削器为代表性文物，走进旧石器时代原始人类的狩猎生活，感受远古先民的淳朴智慧，借历史在文物上凝聚的具象，解答中华民族生生不息的奥秘。

龟背形刮削器

年代 | 旧石器时代
现藏 | 内蒙古博物院

微信扫描二维码
查看数字衍生品

文物介绍

　　器身厚而重，整体呈底平背隆，打击方式为从底向背，周边有刃。

文物鉴赏

龟背形刮削器的背部隆起如龟背，特别厚，一般需进行初步加工，打掉其棱角。与背部相对的一面为平面。由于器身特别厚，所以刃部的夹角较大。在当时，它是用来从兽皮或兽骨上刮肉的。这种器具是以狩猎为主的原始人类生活中经常使用的工具之一。

文物价值

龟背形刮削器是大窑遗址出土的最典型的器物。大窑遗址规模较大，历经旧石器时代早、晚期，是迄今为止我国发现的年代最早、规模最大的古代石器制造场。大窑遗址遗存内涵比较单纯，石器种类有单边和多边砍砸器、尖状器、各种形状的刮削器、手斧、石锤、石球等。其中，龟背形刮削器不仅形制独特，而且数量很多，最具特色。

龟背形刮削器俯视图

龟背形刮削器正视图

第二章

旭日东升

　　"新石器时代'C'形黄玉龙"，是出土于西辽河上游的"中华第一龙"。龙作为经典的中华文化符号，投射出了中华五千多年文明的第一缕曙光，唤起了人们对十中华文明起源的共同情感记忆。伴随着中华文明的第　缕"曙光"，人们在"白音长汗玉蝉"文物上见证了中华文明藏礼于玉、玉以比德的文化基因初始阶段，在"陶猪"文物上认识了新石器时代的制陶工艺与母系氏族社会的时代特征。

新石器时代 "C" 形黄玉龙

年代 | 新石器时代
现藏 | 翁牛特旗博物馆

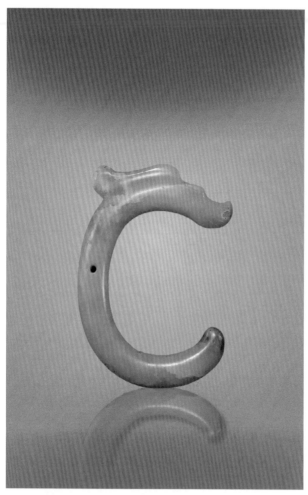

微信扫描二维码
查看数字衍生品

文物介绍

    黄色玉，质地细腻温润，半透明，圆雕。卷曲呈"C"形，颈脊起长鬣，吻部前伸，微向上弯曲，嘴紧闭，双目凸起呈水滴状，鼻孔用两条短阴线表示，颚底刻有三角形网纹，龙背有一圆孔。

文物鉴赏

新石器时代"C"形黄玉龙由一整块玉料圆雕而成，细部运用浮雕、浅雕手法表现，通体琢磨，光洁圆润。首尾相顾，美目流盼，长鬣高扬，极有生气，给人一种飘洒、俊逸的美感。

文物价值

该玉龙1949年出土于内蒙古自治区赤峰市翁牛特旗乌丹镇新地村东拐棒沟自然村，是新地村村民马忠信翻地时发现的。1987年，翁牛特旗博物馆收藏。同年，考古界泰斗苏秉琦先生鉴定，这件黄玉龙属新石器时代红山文化遗物，实为国内罕见的科学标本。苏先生还认为，它是中华五千年文明的象征。

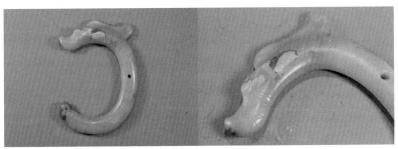

新石器时代"C"形黄玉龙正面图　　　　新石器时代"C"形黄玉龙背面图

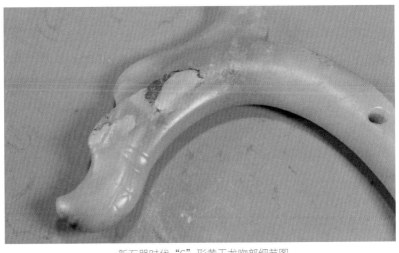

新石器时代"C"形黄玉龙吻部细节图

白音长汗玉蝉

年代 | 新石器时代中期（公元前 6200 年—公元前 5400 年）
现藏 | 内蒙古自治区文物考古研究院

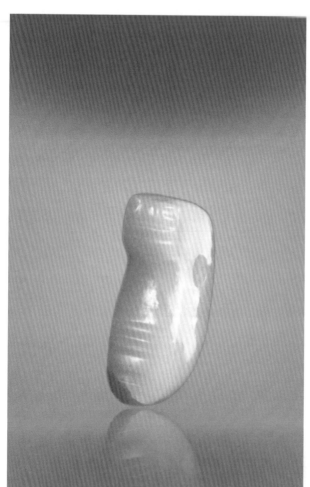

微信扫描二维码
查看数字衍生品

文物介绍

    平面呈鞋底状，头部较厚，双目、后唇及四道腹节较粗略，不见羽翅。头部两面有对钻的圆孔。

文物鉴赏

白音长汗玉蝉，造型独特，有很高的艺术价值。玉蝉有立雕的特点，造型简单，着重表现带有腹节的浑圆腹部和圆翘的尾尖。这一造型属于蝉幼虫（若虫）将要变化为成虫而尚未完全羽化蜕除阶段，但头两侧复眼明显，已可见蝉的雏形。该玉蝉是目前我国发现的年代最早的玉蝉，其体型相对较大，极具写意风格，雕琢粗略简约，体现出较原始古朴的风格。

文物价值

这件玉蝉出土于内蒙古赤峰市林西县白音长汗遗址。该遗址属兴隆洼文化中期遗址。该玉蝉制作古朴简约，体现了初始性，是中华大地玉蝉文化的肇端。因此，可以说兴隆洼文化是中华文明藏礼于玉、玉以比德的文化基因初始阶段。

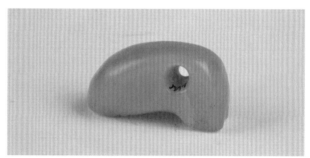

白音长汗玉蝉侧面图

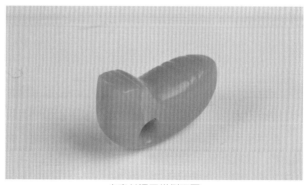

白音长汗玉蝉侧面图

陶猪

年代 | 新石器时代中晚期
现藏 | 科尔沁左翼中旗哈民遗址博物馆

微信扫描二维码
查看数字衍生品

文物介绍

整体呈黑褐色。头部斜长，圆眼有神，四肢短粗，獠牙上翘，双耳后背。体态丰满，憨态可掬。猪腹内空，出土时装有少量碳化的植物种子。

文物鉴赏

该陶猪以被驯化之前的野猪形象为造型特征,制作精美,造型古朴,栩栩如生,被称为"中华史前第一美陶猪"。

文物价值

新石器时代为母系氏族社会,以母为尊,猪在当时代表多子多福,所以推测该陶猪为当时的祭祀用品。陶猪也是哈民遗址出土的唯一一件以动物形象为造型特征的圆雕陶器。陶猪以高超的工艺、凝练的史前文化符号标识成为哈民遗址的象征及哈民遗址博物馆的镇馆之宝。

陶猪

第三章

崇威耀德

　　从青铜时代至春秋、战国，直至汉代早期，一项合金技术诞生并逐渐成熟，这就是青铜铸造技术。正所谓"国之大事，在祀与戎"，生活在中华大地上的人们以青铜器祭祀祖先神灵，以青铜器构建礼乐文化，以青铜器强力维持秩序。青铜器见证了中华文明之初的秩序大构建。本章文物即反映出这一时代特征。从中国出土时间最早的"朱开沟环首青铜短剑"到青铜簋、青铜矛，乃至金器"金马饰件""战国鹰顶金冠饰"，都可以看到冶金技术的发展历史与社会秩序构建的过程。

朱开沟环首青铜短剑

年代 | 商代
现藏 | 内蒙古自治区文物考古研究院

微信扫描二维码
查看数字衍生品

文物介绍

　　剑柄首近似环状，扁柄中间有两道凹槽，外面缠绕麻绳。剑格呈舌状，向两侧斜突。剑身两侧刃稍直，剖面呈菱形。整体造型古朴。器型短小，轻薄。

文物鉴赏

该青铜短剑是商代早期青铜剑，环首直柄凹缺八字形剑格，是其鲜明特征。总的来说，是一把形制比较特殊、工艺比较成熟的短剑。

文物价值

这把剑是目前我国出土时间最早的一把铜剑，堪称"中华第一剑"，对中原地区传统武器的变革及域外青铜环首剑的制造产生了巨大影响。这把环首剑与同时出土的环首刀，开创了北方草原及邻近地区青铜刀、青铜剑制造的先河。

 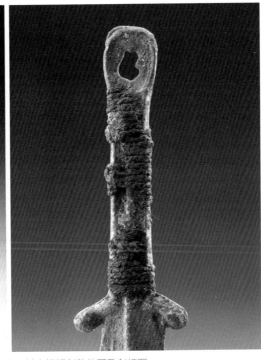

朱开沟环首青铜短剑整体图及剑柄图

西周"师道"铭兽面纹青铜簋

年代 | 西周
现藏 | 辽中京博物馆

微信扫描二维码
查看数字衍生品

文物介绍

西周"师道"铭兽面纹青铜簋（以下简称"师道簋"）由簋盖和簋身组成，子母口。簋盖为平圆顶，中部为微喇叭口状圈足式捉手，器盖边缘饰一周窃曲纹，内部饰两道瓦棱纹。簋身为直口，直弧腹，喇叭形圈足，另附四个兽形足。肩部铸对称的夔龙纹握手，口缘饰一周窃曲纹，下饰竖向的瓦棱纹。圈足外底可见网格状几何纹。内底中部刻有 94 个铭文。中部铭文处有一道划痕。

文物鉴赏

师道簋具有典型的中原风格，装饰繁缛华丽，风格素雅庄重，注重铭文装饰，极具艺术价值。值得注意的是，师道簋内底铸有 94 个铭文，记述了益公、师道与辛公的相关史事，具有珍贵的历史价值、文献价值。

文物价值

青铜簋为古代的盛食器，主要用于放置煮熟的黍、稷等食物。在商周时期，簋是重要的礼器，特别是西周时期，它在祭祀和宴飨时以偶数组合，与奇数的鼎配合使用。史书记载，天子用九鼎八簋，诸侯用七鼎六簋，大夫用五鼎四簋，元士用三鼎二簋。师道簋是研究西周历史文化的重要资料和宝贵的实物依据。

西周"师道"铭兽面纹青铜簋通体图

夏家店上层文化四系红陶罐

年代 | 西周、春秋
现藏 | 库伦旗博物馆

微信扫描二维码
查看数字衍生品

文物介绍

　　泥质夹砂压光红陶，胎质细腻，直口，高领，圆唇，圆弧腹，平底，腹部有四系，素面抹光。

文物鉴赏

该器物为夏家店上层文化典型器皿，器型古朴典雅，完整无裂，四系对称美观，表面光滑，颜色纯正。

文物价值

夏家店上层文化的分布范围很广，与其他文化有很好的交融，故而文化发展更为迅速。该器物为夏家店上层文化典型器皿，富有特色，为研究夏家店上层文化制陶技艺提供了重要的参考，具有一定的考古和研究价值。

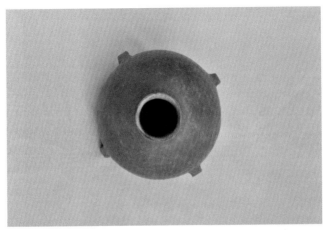

夏家店上层文化四系红陶罐顶部图及底部图

金马饰件

年代 | 春秋时期
现藏 | 辽中京博物馆

微信扫描二维码
查看数字衍生品

文物介绍

马整体呈盘卧状，回首，收尾；马眼、马尾、马腿部镂空，马的肩部及臀部凸起，马鬃、马尾錾刻齿形纹；饰件背面边缘圆润，在马头及马臀部分别铸有两个桥形系。

文物鉴赏

金马饰件造型生动,眼圆,鼻鼓,耳壳高耸,颈上刻鬃毛,作盘卧状,四肢筋腱明显,别致精美。从金马饰件悠闲的形态、安详的表情可以看出,此时的社会相对稳定,民众过着安居乐业的生活,也说明该饰件的主人生前地位尊贵。

文物价值

金马饰件,1985年出土于内蒙古赤峰市宁城县小城子镇那素台村墓葬遗址,现收藏于赤峰市宁城县辽中京博物馆,为春秋时期东胡遗物。东胡是部落联盟,以游牧生产方式为主,马是他们的依靠对象和生存条件,尚马更是他们的习俗。这件金马饰件除了彰显其主人地位之高,也反映了东胡人高超的冶炼水平和工艺水平。

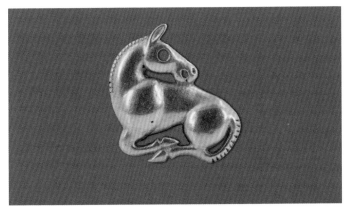

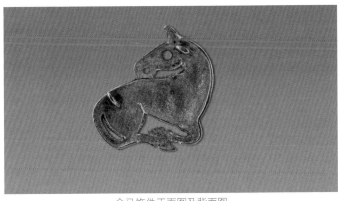

金马饰件正面图及背面图

战国鹰顶金冠饰

年代 | 战国时期
现藏 | 内蒙古博物院

文物介绍

　　主体造型为一只展翅的雄鹰，站在一个狼羊咬斗纹的半球状体上，俯瞰着大地。额圈由三条半圆形金条榫卯插合而成，上有浮雕卧虎、卧式盘角羊和卧马造型，中间部分为绳索纹。

文物鉴赏

鹰顶金冠饰构思奇特，制作工艺精湛，纹饰精美。装饰题材都是草原上生动逼真的动物形象，装饰手法写实又生动，表现了"鄂尔多斯式青铜器"装饰艺术风格的独特魅力，其融铸造、锻压、锤打、抽丝等先进技术于一身的工艺更是代表了当时金银器制作工艺的最高水平，在中国艺术史及科技史上都具有重要的地位。

文物价值

鹰顶金冠饰是迄今为止唯一一件"胡冠"标本，具有很高的历史价值和艺术价值。它的发现对研究当时匈奴部族的活动范围、匈奴的社会结构、阶级构成等内容具有很高的学术价值。

战国鹰顶金冠饰鹰形装饰图

战国铭文青铜矛

年代 | 战国时期
现藏 | 伊金霍洛旗郡王府博物馆

微信扫描二维码
查看数字衍生品

文物介绍

　　该青铜矛是战国时期的兵器，铜质，矛身横断面略呈菱形，刃较锋利，有中脊，中脊两边各阴刻一行铭文。骹（套筒）为直筒状，有一对小孔，可穿系璎珞，骹末端略粗，底部为圆形。

文物鉴赏

冷兵器时代，矛是用于直刺和挑扎的长兵器。战国铭文青铜矛由矛身和骹（套筒）构成，矛身大致呈菱形，尖部锐利，骹（套筒）下面安装长柄。无论实用性、广泛性还是延续性，矛都非其他兵器可比。

文物价值

战国铭文青铜矛是在鄂尔多斯市伊金霍洛旗阿勒腾席热镇征集到的，经内蒙古自治区专家鉴定为伊金霍洛旗文物保护和旅游事业发展中心馆藏二级文物。

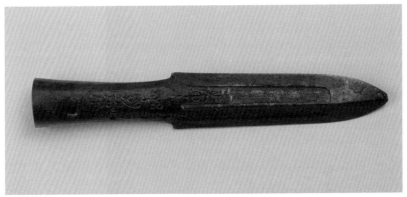

战国铭文青铜矛细节图

变体鸟形铜饰牌

年代 | 战国时期
现藏 | 昭君博物院

微信扫描二维码
查看数字衍生品

文物介绍

　　圆雕，反向连接呈双鸟头，弯曲处形成圆形孔，尾部呈圆泡状，背有一单拱形纽。圆眼，尖耳，尖嘴，吻部下垂，弓颈，并以水滴纹表示变体鸟的羽毛。

文物鉴赏

变体鸟形铜饰牌造型生动，特征鲜明，形象逼真，具有明显的北方地域特色、审美特征和装饰风格，是我国北方系青铜文化中的一朵奇葩。

文物价值

历史上，我国北方各民族与中原王朝频繁来往，不断交流互鉴。该文物以兼容并蓄之势融汇了中原地区及北方草原地区的优秀文化和技艺，创造出了内涵丰富、极具地域特色的"北方系青铜文化"形象，形成了自身特色。在器类和器型、纹饰和造型等方面别具一格，令人耳目一新。这件变体鸟形铜饰牌反映了当时人们的经济文化形态和社会生活状况，具有较高的历史研究价值和艺术价值。

变体鸟形铜饰牌细节图

双耳三足青铜行军锅

年代 | 战国晚期至汉代早期
现藏 | 内蒙古河套文化博物院

微信扫描二维码
查看数字衍生品

文物介绍

青铜铸造，一套六件。主锅呈圆桶形，子母口，下腹内收圜底，底设马蹄形三足，上腹外侧设环形立耳一对；配锅两件，均为折沿直腹平底；甑为折沿直腹，高圈足，带孔箅底；盆为折沿浅腹圜底；笼箅为圆形，上有长条形箅孔。整套器物可以依次叠装于主锅之内，便于行军携带。

文物鉴赏

该套行军锅，器型硕大，造型敦厚，范线清晰，素面无纹，泛金地光亮如新，虽局部略有浊锈，但品相一流。此器物功能齐全，集烧水做饭和盛装食物于一体，属战国晚期至汉代早期青铜器中难得一见的精品。

文物价值

明朝《大唐秦王词话》道："自古道三军未动，粮草先行，兵精粮足，战无不胜。"部队长途跋涉、行军作战、安营扎寨、炊火造饭，自然离不开行军锅这一特殊装备。这套卓尔不凡的青铜行军锅是当时为部队行军作战特制的野外露营炊具，具有极高的历史价值和研究价值。其构思与造型更是令人称奇。此器物形制特殊，仅见于商周到秦汉青铜器中，是目前出土的唯一一件用于军事的复合型炊具。

双耳三足青铜行军锅配锅图及笼箅图

第四章

泱泱
气象

　　汉代是中华文明发展的一个高峰时期，经济发达、文化繁荣，艺术、科学、军事等领域硕果累累，体现出特有的泱泱气象与博大胸怀。这一章，集中展示了内蒙古的一系列汉代文物，记录中国历史上重要的文化标识。其中，从被誉为我国西汉中期到东汉初年北部边疆地区历史文化的百科全书的"居延汉简"中，可以一览汉代社会的政治、经济、军事、屯田、水利、地理、交通、文化、科技、法律、哲学、宗教和民族等诸多领域的发展盛况；从"汉三足灰陶仓"中，可见汉代制陶工艺的逐步完善，尤其是灰陶技术达到了巅峰，并从中感悟到汉代视粮贮为"天下之大命"的观念；从"汉龙首青铜灶"中，可以直观感受民族融合的历史画面。

"候史相付受" 木简

年代 | 汉代
现藏 | 额济纳博物馆

微信扫描二维码
查看数字衍生品

文物介绍

　　木质，长条形，竖写，内容为"候史相付受"，书21字，简文墨书隶书体。"候史相付受"木简记载了候史之间物资交接过程及其凭证，是居延汉简中的账簿类木简。

文物鉴赏

居延汉简的内容非常丰富，涉及汉代的政治、经济、军事、屯田、水利、地理、交通、文化、科技、法律、哲学、宗教等诸多领域。到目前为止，居延汉简中最早的纪年简为西汉元朔元年（公元前128年）简，最晚的是西晋太康四年（283年）简，前后相差410余年。

文物价值

居延汉简是记载我国西汉中期到东汉初年北部边疆地区历史文化的百科全书，是人类文化遗产瑰宝。居延汉简无论是自身，还是其记载的内容，都具有极高的科学价值、历史与文物价值，是20世纪初中国古文献四大发现之一，也是内蒙古重要的文化标志。

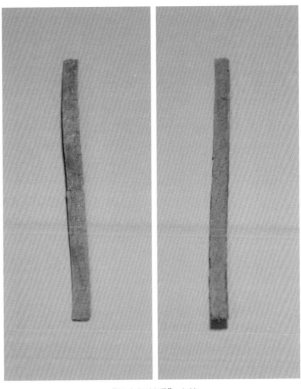

"候史相付受"木简

黄釉浮雕神话故事纹陶樽

年代 | 汉代
现藏 | 包头博物馆

微信扫描二维码
查看数字衍生品

文物介绍

　　该陶樽为筒状，壁微斜，口径略大于底径，变体博山式盖，盖缘有两条曲折弦纹，子母口，三雕蹲熊足，近口沿、底部各有一周山峦，每周山峦控制在 2.5 厘米宽带纹内。樽腹部布满浮雕，出土时已破碎，后粘对复原。器型完整，图案清晰，光泽莹润。浮雕内容包括上古神话、瑞禽怪兽、甲胄武士、舞蹈戏乐图等六组。

文物鉴赏

整个樽体造型美观，古朴浑厚。雕饰构图严谨，写实中略带夸张，繁缛中层次分明，具有独特的艺术和装饰风格。

文物价值

该陶樽浮雕内容以登仙得道、长生不死为主题，配以神话、瑞兽和宴乐等内容，反映西汉中晚期阴阳五行、黄老思想、神话传说、谶纬迷信的盛行。

黄釉浮雕神话故事纹陶樽樽体图

日月形耳环

年代 | 汉代
现藏 | 呼伦贝尔历史博物馆

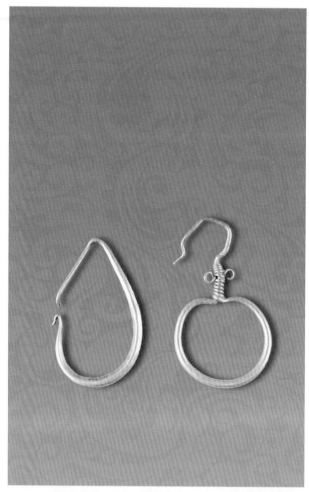

微信扫描二维码
查看数字衍生品

文物介绍

　　两件耳环呈不同的造型，均由纯金打造。其中一件呈水滴形，素面磨光，左侧开口用于佩戴，右侧呈棱柱状，从顶部向下渐粗。造型流畅，极具动感，当左侧开口闭合时其造型变为半月形。另一件同样为素面磨光，由圆柱形的金丝缠绕形成，上部为钩状，用于佩戴；中部缠绕数圈，两侧各有一个突出的圆结；下部围成圆形。整体形似太阳，与另一只半月形金耳环相呼应。

文物鉴赏

耳环的造型形似日月，这与鲜卑信奉的萨满教及原始崇拜有关。他们敬畏自然，认为使用符号化的器物可以帮助萨满沟通天地，抑或是帮助死者进入未知的世界达到永生或轮回。

文物价值

这件文物突出表现了鲜卑先民朴素的自然观。他们敬畏自然，与自然和谐共生，不断在呼伦贝尔这片土地上发展、壮大，继而走向与中原融合发展之路。

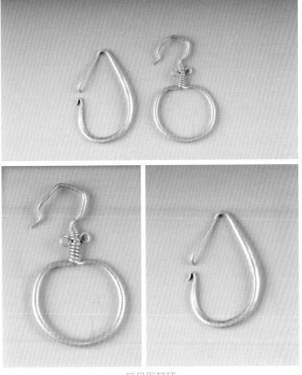

日月形耳环

汉釉陶博山炉

年代 | 汉代
现藏 | 内蒙古河套文化博物院

文物介绍

　　该炉体呈豆形，上部有盖，为上下分体。胎质呈黄红色，通体饰酱黄色釉，为低温釉陶，也称原始瓷。博山盖、豆身及豆盘均为模制。上部为圆锥形，博山盖与豆盘相扣。盖高而尖，镂空，呈山形，山形重叠，其间雕有云气纹、人物及鸟兽。炉身呈高柄豆形，高柄腹部饰两道起筋棱线，柄下部为喇叭状，与底盘相接。

文物鉴赏

博山炉是我国两汉、魏晋时期民间常见的焚香器具，多为青铜器和陶瓷器。博山炉是专指仙山造型的熏炉，是春秋战国以来持续发展的熏香文化和当时社会普遍流行的道教信仰相结合的产物。当炉腹内燃烧香料时，烟气从镂空的山形中散出，那仙气缭绕的画面给人以置身仙境的感觉。

文物价值

我国香文化历经千年流传至今，反映其各阶段发展状况的器物便是各个历史时期所使用的香炉，其中最具代表性、被称为鼻祖的，是汉代的博山炉。博山炉盛行于两汉与魏晋时期。后来，这种炉盖高耸如山的博山炉逐渐演变成香炉的一种固定类型。虽然在博山炉之前已经有了熏炉，但都不如博山炉那样特点鲜明、使用广泛、影响久远，所以人们常将博山炉推为香炉的鼻祖，并常用"博山""博山炉"代称香炉。

汉釉陶博山炉细节图

汉龙首青铜灶

年代 | 汉代
现藏 | 内蒙古河套文化博物院

微信扫描二维码
查看数字衍生品

文物介绍

　　该灶为青铜铸造，并且采用了焊接技术，由灶台、烟囱、炊具三部分组成，一套六件。灶台扁平呈船头形，平底，底部设三个马蹄形立足，呈"品"字形分布；灶台前壁设长方形灶门；灶台中央设圆形灶口，上置甑、釜，另配瓢、勺各一；灶台尾部设圆形烟孔，上置龙首烟囱。

文物鉴赏

作为一件典型的明器，汉龙首青铜灶造型精致，保存较为完好。龙首烟囱虽然作为局部装饰存在，但装饰效果极好，为该器物的点睛之笔。龙首造型与甘肃省武威市雷台汉墓出土的马踏飞燕的马首极为相似，龙首侧昂，阔口露齿作嘶鸣状，龙鼻上卷，双耳后收，使一件静止的器物表现出强烈的动感，构思之精巧无出其右。

文物价值

灶是定居生活的产物，灶的使用给人们带来极大的方便，也标志着文明程度的提高。龙首青铜灶作为典型的中原文化器物，其可拆装的设计又使形体庞大的灶具能适于军旅或游牧的需要，这印证了自古以来就是多民族聚居的河套地区民族大融合的史实。

汉龙首青铜灶背面图

汉三足灰陶仓

年代 | 汉代
现藏 | 乌审旗博物馆

微信扫描二维码
查看数字衍生品

文物介绍

　　单一质地：陶。带盖筒状，圆底座，具三足。该器物内灌满的泥土中发现了碳化物，疑似粟谷。经专家论证，该文物被认定为汉代粮食存储器。

文物鉴赏

根据汉代陶窑和陶器的发现情况来看，大多数陶窑内出土的遗物和周边墓葬出土的随葬品是接近的，说明汉代陶仓的生产地较广泛。其中简单的生活日用品如三足陶器由于工艺相对简单，易掌握，就地取材方便，基本都是就近生产的。汉代陶器的成型技术主要有轮制、模制和手制三种，其中灰陶器使用最广泛的技术是轮制技术。汉三足灰陶仓属圆形陶器，从其腹壁和底部清晰的轮旋痕迹可以断定它采用的是轮制法。而三足灰陶仓的足、盖上则具有手制痕迹，这一情况可以从外部留有模制的小麻点和模接缝的痕迹看出。这件三足灰陶仓具有胎质细腻、胎体坚硬、厚薄适中、造型美观、精致朴实、线条流畅等特点。

文物价值

陶仓作为明器最早发现于春秋战国时期的秦墓中，出土地集中在西安、宝鸡、天水等秦人活动频繁的关中地区。汉代之始，陶仓逐渐增多。至西汉中晚期，陶仓模型在中原地区的墓葬中已较为普遍，且多伴有井、灶等其他明器。到了东汉，陶仓成为十分常见的随葬品。由这件三足灰陶仓可知汉代的制陶工艺逐步完善，尤其是灰陶技术达到了巅峰。通过此件文物还可以感悟到汉代视粮贮为"天下之大命"的观念，也说明汉代的农业生产有了进一步的发展，而随着粮食的增加，储存粮食的器材自然随之增加，揭示了汉代物阜民丰的景象。

 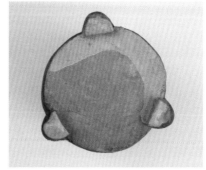

汉三足灰陶仓顶部图及底部图

和林格尔汉墓壁画

年代 | 汉代
现藏 | 内蒙古博物院

微信扫描二维码
查看数字衍生品

文物介绍

　　1971 年，内蒙古呼和浩特市和林格尔地区发现了一座汉代墓葬，墓主人是当时东汉派驻北方地区的最高官员护乌桓校尉。这座墓葬中出土了 200 多件精美绝伦的墓葬壁画和 200 多个榜题，透过这些壁画和榜题能够窥探内蒙古地区在东汉时期的社会面貌和生活场景。

《使持节护乌桓校尉出行图》横跨前室东、北、西三面墓壁，是整个壁画中突出表现的内容。此幅摹本位于墓壁北壁上，主车之前有导车和功曹从事、别驾从事、校尉行部等文武官吏和兵卒。墓主人乘坐的辒车，拥赤节，驾三匹黑马，榜题"使持节护乌桓校尉"。主车后面有钲、鼓、车以及红缨棨戟和斧车。队列两翼有众多的武官、甲士层层环护，还有红、黑色的风候和圆球形的羽葆飘扬在空际。连车列骑，前呼后拥，再现了护乌桓校尉的凌人盛气。图中的别驾从事、校尉行部等，大都是护乌桓校尉临时增设的属官。

使持节护乌桓校尉出行图（局部）

　　《幕府图》生动地再现了护乌桓校尉在幕府中举办宴饮的场景。就座于抱厦中间位置的是墓主人护乌桓校尉及其夫人，外面的广场中有很多杂耍艺人正在进行表演。通过这幅壁画还能看到幕府中大量功能性设施及工作人员，如正在做饭的庖丁、正在送信件的信使等。这一系列的墓葬壁画生动地勾勒出当时幕府的生活场景和生活状态。

幕府图（局部）

文物鉴赏

和林格尔汉墓壁画是迄今为止我国考古发掘所见榜题最多的汉代壁画。壁画内容有反映墓主人仕途经历及升迁赴任时的车马出行图；有墓主人历任官职所在城市和府舍的官府图；有反映统治阶级生活的宴饮、舞乐、百戏等生活场景图；有反映东汉时社会生产活动场面，如农耕、庄园、牧马、放牛等图；有当时社会生活的写照，如描绘少数民族的装束、发式、相貌等的图画，还有祥瑞图和一些圣贤、忠臣、孝子、烈女的故事图等。

文物价值

和林格尔汉墓壁画以广泛多样的题材、丰富翔实的内容、娴熟高超的绘画技术再现了当时的历史画面，重现了历史的光彩，并且形象地反映出东汉时期我国北方多民族居住地区的阶级关系、民族关系和社会生活面貌。

东汉石刻

年代 | 东汉
现藏 | 阿拉善博物馆

微信扫描二维码
查看数字衍生品

文物介绍

　　石质为砂岩，上刻有"汉武帝排逐匈奴，北置朔方，西置武【威张掖酒泉敦煌】□□□碛碑，列郭塞，西界张掖居延□□□□【北拒】匈奴，遭王莽之乱，北地郡壤塞□□□（马）更于郡，（郡）之北山沙之外造【烽燧】□□□□（见）蓬火先……"等内容。中部文字剥落严重，

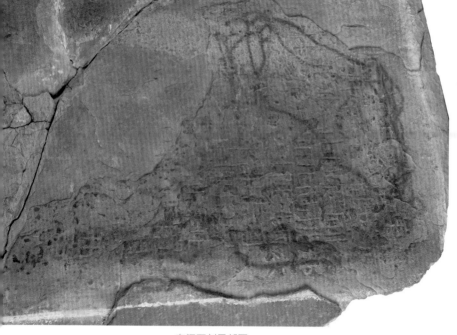

东汉石刻局部图

可辨 120 字，字体均为阴刻汉隶。该石刻记载了河西四郡的建立，西汉武帝以来至东汉安帝永初年间汉政府对匈奴的战争与防御情况，凉州历史沿革、行政设置、修缮烽燧邮塞等内容。

文物鉴赏

根据现存文字可知，该石刻主要记述了西汉武帝时期疆域四至和东汉时在今阿拉善地区增加军事设施、抵御匈奴南下、百姓安居等内容，为研究阿拉善地区在汉朝时期的历史文化、地理位置、民族关系、行政区域划分以及书法艺术等，提供了弥足珍贵的实物资料。

文物价值

　　该石刻在我国秦汉石刻中具有特殊价值，作为汉代西北边塞石刻在全国也极为罕见。通过石刻文字内容，可以了解自王莽改制至东汉时期的防御力量、西北少数民族内迁居延的情况、东汉西北地区长城边塞修筑情况等。该石刻字体见证了东汉时期的书法艺术已经出现由隶书向楷书的变化。从文体看，前半部分是散文体的纪事序辞，后半部分为五句六字对仗的韵文体颂辞。该石刻涉及历史事件和人物众多，时间跨度从西汉武帝到东汉安帝200余年，叙事形式独具一格。该石刻是已知汉代纪功石刻的新类型，显示出边塞纪功碑不仅包括对驻扎边塞的普通军人集体功劳的书写，并且未必是围绕一件事功、单个人物的集中描述，也包括对一个长时段数百年一代一代军人战绩贡献追述性、总结性书写。

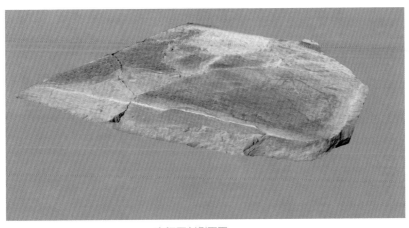

东汉石刻侧面图

第五章

海纳
百川

在与全球展开积极对话的过程中，中华文明始终追求开放多元的经济格局和公正和平的国际秩序，分享思想、制度、科技、文化艺术成果。与此同时，各种外来文化也被有选择地吸纳到中华文明的体系之中。陆上丝绸之路与海上丝绸之路，是中国古代与外部世界贸易往来的大通道。在这一章，通过"北魏蓝色透明玻璃碗"重新踏上中国古代草原丝绸之路，见证我国南北朝时期草原丝绸之路沿线各民族、各国家开放包容、互学互鉴、互利共赢的历史史实；通过"鎏金双摩羯纹银盘"中来自印度神话中的动物"摩羯"，见证唐代中外文化交流的历史。

鲜卑归义侯金印

年代 | 西晋
现藏 | 内蒙古博物院

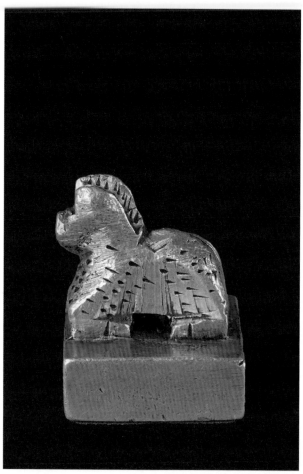

微信扫描二维码
查看数字衍生品

文物介绍

该金印由黄金铸造錾刻而成。驼纽，扁方形印体，印面为正方形，印文阴刻篆书"晋鲜卑归义侯"。

文物鉴赏

这枚金印印纽呈卧驼状，昂首前视，体刻兽毛，工艺十分精美。印面篆书六个字，书体流畅，刀法自然，极具观赏性。

鲜卑归义侯金印正面图及背面图

文物价值

这枚金印是西晋政府赐给鲜卑首领的印信。在今内蒙古乌兰察布市凉城县出土的窖藏金银器中，先后发现"晋鲜卑归义侯"和"晋鲜卑率善中郎将"等金印。印中的"归义""率善"等字样，反映了鲜卑对中华文化的认同，可以说于方寸之间见证了民族交融。

鲜卑归义侯金印印文图

北魏蓝色透明玻璃碗

年代 | 北魏
现藏 | 锡林郭勒盟博物馆

微信扫描二维码
查看数字衍生品

文物介绍

　　该碗由蓝色透明玻璃制成。器型规整，圆口稍向外敞，弧壁下敛，下有圈足，通体透明，素面无纹饰。2010 年出土于锡林郭勒盟正镶白旗伊和淖尔苏木。

文物鉴赏

　　玻璃被称为人类创造的宝石，在古代被视为宝物，象征着财富和地位，受到上层社会的追捧。北魏时期是我国古代玻璃工艺发展史上十分重要的阶段，进口玻璃器也较之前更多，工艺更高超，形制更多样。此件蓝色透明玻璃碗与我国山西省大同市七里村、河北省衡水市景县北魏封魔奴墓，韩国庆尚北道庆州市瑞凤冢及皇南大冢南坟出土的玻璃碗，形制及风格非常相似。

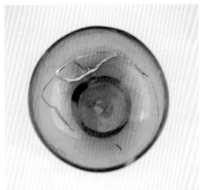

北魏蓝色透明玻璃碗顶部图及底部图

文物价值

　　经过成分检测，这件玻璃碗属钠钙玻璃。由于助溶剂不同，钠钙玻璃又进一步分为植物灰和苏打两类。这件玻璃碗所使用的是植物灰。植物灰玻璃的助溶剂常选用植物燃烧后的灰烬，这种做法始于青铜时代晚期的埃及和两河流域及后来的帕提亚王国、萨珊王朝。魏晋南北朝时期，西方玻璃器大量输入中国。根据这件玻璃碗的特色和工艺推断，应该是来自古波斯第二王朝即萨珊王朝。这一发现为研究萨珊玻璃器在丝绸之路上的传播提供了实物证据，也为南北朝时期我国北方地区与西方文化交流和古代丝绸之路的研究提供了实物资料。与此同时，它也见证了我国南北朝时期丝绸之路沿线各民族、各国家开放包容、互学互鉴、互利共赢的历史史实。

北魏玉飞天雕像

年代 | 北魏
现藏 | 鄂尔多斯市博物院

微信扫描二维码
查看数字衍生品

文物介绍

　　器身造型丰腴，颜色略显暗淡。整个造型刻画的好似一个身披霞衣、驾着祥云缓缓飞起的仙女形象。仙女五官清晰可见，脸型圆润丰满，面部表情安详，双手捧物。飞天姿势优美，造型别致。

文物鉴赏

这件玉器采用浅浮雕和镂空的雕刻技法，把仙女形象表现得栩栩如生、生动鲜明，体现了北魏时期今鄂尔多斯地区先民高超的玉器雕刻技法，为后人留下了宝贵的财富。

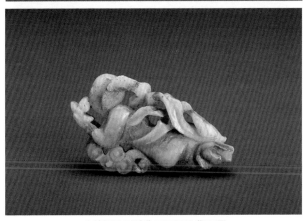

北魏玉飞天雕像正面图及背面图

文物价值

鄂尔多斯地区出土的这件北魏玉飞天雕像，和北魏前期玉菩萨雕像的整体特征相吻合，器物造型圆润、丰腴、完美。

鲜卑人面纹金牌饰

年代 | 北朝
现藏 | 通辽市博物馆

微信扫描二维码
查看数字衍生品

文物介绍

　　该牌饰由纯黄金模铸，正面凸起，呈半浮雕状，凹背镂空。牌饰中间浮雕一人面，圆脸，额头凸起，颧骨隆起，阔鼻，口微张，眼微睁，眼睛和嘴巴镂空，眉毛位于眼正上方，额头两端各铸一个椭圆形高线圈，头部周围饰变形勾云纹，可作系环。胸部有六个凸起的乳钉，组成梅花形。

文物鉴赏

该人面纹金牌饰制作精美，完整无缺，可以确定为胸前挂饰。从打孔和切削边缘看，该牌饰没有使用过的痕迹，可知它可能是为死者制作的，应为一种礼器。

鲜卑人物纹金牌饰背面图

文物价值

4 世纪以前，鲜卑主要活动在今内蒙古地区，这里是鲜卑不断发展壮大时期的重要活动区域。因此这里出土的造型多样的金属牌饰，具有突出的鲜卑文化特点。鲜卑将自己的审美意识寓于珍贵稀少的金牌饰艺术中，为后人留下了一份珍贵的文化遗产。这件金牌饰出土于内蒙古通辽市中部地区，其造型艺术、纹饰图案、实际用途都充满了神秘色彩，在我国北方地区发现的数十件鲜卑金饰牌中具有一定代表性，是研究鲜卑历史文化的珍贵资料。

鎏金双摩羯纹银盘

年代 | 唐代
现藏 | 内蒙古博物院

微信扫描二维码
查看数字衍生品

文物介绍

　　该银盘整体呈圆形，周缘呈六瓣葵形，沿较宽，在六瓣葵瓣上各錾花卉图案一朵，花卉图案有两组，相间排列。盘心主题图案为双摩羯纹，双摩羯之间置一火焰宝珠，宝珠位于盘正中心处。中心图案四周又有花卉图案六组，和盘沿上的图案相对。

文物鉴赏

此件银盘制作极为精巧，捶揲纹样加以錾刻，细节刻画入微。银盘质地素净，纹饰布局有致，鎏金的黄色与盘身的银色形成强烈对比，金属光泽交相辉映，独具艺术魅力。

鎏金双摩羯纹银盘细节图

文物价值

此件银盘于 1976 年 4 月出土于内蒙古赤峰市喀喇沁旗锦山乡哈达沟门村。同批窖藏六件鎏金银器。这批金银器形体硕大，花纹繁缛，工艺精湛，是内蒙古地区唐代金银器中最重要的发现之一。摩羯是印度神话中的动物。隋唐时期，摩羯装饰融入龙首之中，此种装饰也体现了唐代金银器中的外域文化影响。

第六章

风云
交融

　　在中华文明的历史长河中，各族人民共同开拓辽阔疆域，共同书写悠久历史，共同创造了灿烂文化。在这一章，通过辽、宋、夏、金时期的文物，集中反映了各民族文化的交融。从"蘑菇型三彩釉香熏"中，不仅可以认识到辽时制陶技艺的高超，也可以看到辽、宋时期生产、生活的相互借鉴、相互影响；从"西夏褐釉剔花双耳小口瓷瓶"中，可以看到西夏与宋朝密切的政治、经济、文化等方面的联系。这些都是中华民族多元一体、休戚与共的生动体现。

北宋"淳化元宝"铜钱

年代 | 北宋
现藏 | 阿拉善博物馆

微信扫描二维码
查看数字衍生品

文物介绍

　　该钱币面文旋读，穿口规整，宽缘，光背，钱文行书。北宋太宗赵光义淳化年间（990—994 年）铸。

"淳化元宝"四字分真、行、草三种书体，又分铜、铁两类，均为平钱。铜钱多光背，亦有星纹，但存世稀少。有一种隶书钱，其"淳"字"三点水"写法独特，被称为"缩水淳化"，属珍稀版别，颇受泉界重视。

"淳化元宝"四个字为宋太宗"御书体"，笔法隽永流连，十分洒脱。

北宋"淳化元宝"铜钱正面图及背面图

文物价值

"淳化元宝"铜钱是宋太宗赵光义在位时所铸的第二版货币，创下中国钱币史上两个"第一"：第一个"御书钱"，第一个"对文钱"。"对文钱"是指同一年号钱，大小、重量、形制和币文内容完全相同，但币文的书法形式不同。此后的朝代直至民国，"以年号元宝为文"的年号钱成为一种惯例。

辽白釉人首摩羯形提梁注壶

年代 | 辽代
现藏 | 内蒙古博物院

微信扫描二维码
查看数字衍生品

文物介绍

　　该壶高 19.5 厘米，宽 16 厘米，1976 年出土于内蒙古赤峰市巴林左旗乌兰套海苏木辽代遗址。它小巧精致，可能是古代文人磨墨时用来装水、滴水的器具。为国家一级文物。

文物鉴赏

从外观来看，它的器型为辽代独有的摩羯造型，将人及鱼、鸟、螭等动物混合为一体，构思绝妙，造型奇特，是辽瓷中罕见的精品。

辽白釉人首摩羯形提梁注壶细节图

文物价值

辽代的工匠把人首鸟身的迦陵频伽形象和龙首鱼身的摩羯形象结合在一起，创造出独特的艺术形象，是辽代陶瓷中的奇葩。辽代陶瓷将我国瓷器的烧制地域扩大到长城以北，丰富了我国陶瓷艺术的内容，并对金元两代陶瓷的发展产生了深远影响。

公主金面具

年代 | 辽代
现藏 | 内蒙古自治区文物考古研究院

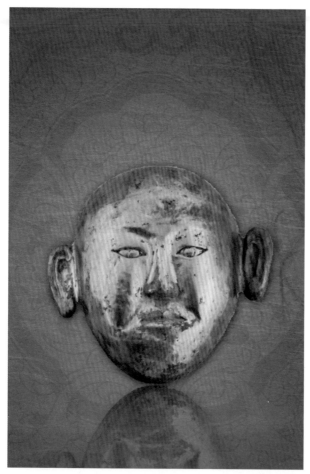

微信扫描二维码
查看数字衍生品

文物介绍

　　1986 年，该面具出土于内蒙古通辽市奈曼旗青龙山镇辽陈国公主墓。面具用薄金片捶击成型，制作时依照墓主人的脸形先做一个模具，然后将加工好的整块薄金片覆于模具上捶打而成。脸型圆润，双眼圆睁，鼻梁狭长，鼻翼略宽，抿唇，双耳宽大。眉、眼局部捶錾，制作精细。

文物鉴赏

金属面具是辽代契丹人入葬时所用的一种特殊覆尸用具。面具周边均有穿孔，入殓时先将全身葬衣、银丝网络给墓主人穿戴妥当，然后将面具覆盖于墓主人脸部，再用细银丝沿着面具周边穿孔与头部网络连缀起来。

公主金面具背面图及侧面图

文物价值

金属面具和网络是契丹人最具特色的葬服，它以特定的形式，真实而形象地反映了当时的葬制，是研究契丹人风尚习俗、宗教信仰和社会发展的重要资料。

辽三彩摩羯壶

年代｜辽代
现藏｜通辽市博物馆

微信扫描二维码
查看数字衍生品

文物介绍

  壶体为龙首鱼身，鱼体中部生双翼，昂首展翅摆尾，口含宝珠，嘴部中空为流，龙角后面有注水口，翼与尾之间以梁相连成执柄，通体浮雕鱼鳞，卧于仰莲圆座上。此器为陶胎，上施黄、绿、白三彩釉。

文物鉴赏

此壶整体造型为仰莲托起一条展翅跳跃的鲤鱼，造型奇特优美，线条流畅，形象丰满逼真，神态生动可爱，极富自然情趣。釉色明艳光洁，足以与唐三彩媲美，为辽三彩之精品。

辽三彩摩羯壶整体图及背面图

文物价值

辽三彩是辽代晚期出现的低温彩色釉陶制品，是辽代陶瓷器中最华丽的代表，主要釉色为黄、绿、白三种。它源于唐三彩，器型包括富有契丹风格的方碟、海棠花式长盘、摩羯壶、筒式瓶等，是我国陶瓷艺术宝库中的瑰宝之一。这件摩羯壶既可以看到大唐王朝的流风遗韵，又集中体现了佛教及中原文化对北方游牧文化的影响，反映了辽代的审美特征和文化交融的历史史实。从摩羯纹的演变发展我们也能看出，经过几百年的融合，外来纹饰已经被中华文化消化吸收，逐渐本土化和多元化。此件三彩摩羯壶造型独特，技艺精湛，色彩艳丽，从史料价值、艺术价值上看，都堪称一件难得的辽代文物精品。

辽酱釉盘口穿带瓶

年代 | 辽代
现藏 | 科尔沁右翼中旗博物馆

微信扫描二维码
查看数字衍生品

文物介绍

　　该瓶盘口，细长颈，圆腹，圆足，两侧肩部与腹底有对称的桥形带孔，带孔之间有带槽，肩部饰凹弦纹。整件器物为胎质酱釉，釉色光亮莹润，施釉均匀，圆足内底也施了釉。

文物活起来：AR版

文物鉴赏

穿带瓶（壶）是契丹人游牧时携带的盛器，两边的系用于穿绕绳索，以便挂在马上，既有装饰性又有实用性。穿戴瓶有两系、四系、六系之分，因其可穿绳背挂，故又称穿带壶。此器为适应契丹人游牧生活而创，是游牧文化的产物。做工精美，系辽代文物中的精品。

辽酱釉盘口穿带瓶顶部图及底部图

文物价值

辽代陶瓷在我国陶瓷史上的地位不可替代。它继承了大唐的传统技术，吸收了五代和北宋中原地区新的工艺，又进行了发展创新。这件酱釉盘口穿带瓶将北方游牧文化和中原农耕文化结合在一起，不仅是当时政治、经济、文化、社会生活等的见证，也体现了当时各民族文化交融的历史史实。

辽莲花宝子柄铜香熏

年代 | 辽代
现藏 | 乌海市博物馆

微信扫描二维码
查看数字衍生品

文物介绍

　　该香熏造型为一束莲花，扁条形执柄，中间有蒂，分为三枝。下面的一枝花梗，下弯，上托仰莲造型的炉体；中间的一枝为叶柄，向下弯曲，连接莲叶造型的炉座；上面的一枝为花梗，托着一个小香盒，又名香宝子，用来盛放香料。炉体为绽开的莲花造型，外饰多层向外张开的莲瓣，圆形子母口。镂雕盘龙纹盖，龙身矫健苍劲。香盒上是子母口六边锥形盖，整体为含苞待放的菌苗造型。炉座外缘为葵花形仿莲叶边缘的波状造型。

文物鉴赏

香熏、香盒、炉座、执柄均采用分铸法单独铸造，铸成后以铆合连接。设计巧夺天工，造型优美自然。

辽莲花宝子柄铜香熏完整图及细节图

文物价值

长柄香炉是古代佛教的行香法器之一，根据长柄形制的不同，可分为鹊尾柄、镇柄、如意柄、莲花宝子柄。最早从我国西北地区传入，在敦煌莫高窟北魏壁画、甘肃炳灵寺石窟西秦壁画中均可见到此类香炉。长柄香炉多为贵族雅器，也是使用者身份地位的象征。

辽錾刻缠枝花纹包金水晶心形璎珞坠

年代 | 辽代
现藏 | 阿鲁科尔沁旗博物馆

微信扫描二维码
查看数字衍生品

文物介绍

　　璎珞坠为心状饰件，内为水晶，外包金片，金片上錾刻缠枝花纹，以鱼子纹为底，坠上有纽，可佩戴。

文物鉴赏

此坠为单挂式璎珞。辽代晚期出现了水晶等材质的璎珞坠，它由纯金包裹水晶制作，采用錾刻制作工艺，材质和纹饰更为丰富。辽早期只有女子佩戴璎珞坠，辽晚期男子佩戴也十分常见。

辽代錾刻缠枝花纹包金水晶心形璎珞坠侧面图及顶部图

文物价值

璎珞是辽代佩饰中一种具有时代特征的饰品，不但具有装饰作用，也是权贵的象征。据目前考古发现可知，辽代璎珞绝大多数出土于契丹贵族墓葬，而且在璎珞数量多寡和材质优劣上体现出明显的等级性和差别性。

辽蘑菇型三彩釉香熏

年代 | 辽代
现藏 | 敖汉博物馆

微信扫描二维码
查看数字衍生品

文物介绍

该香熏红色陶衣，挂白衣，施黄、绿、白三彩，圈足露胎。是辽代陶器精品。香熏整体外形状如一朵"菜花"，假圈足。正顶一圈黄色联珠环绕一大绿珠，腹为三匝同式小圈联珠，共八组，上下交错，珠贴塑于白釉内壳之上，圈珠之空间镂三角形或梯形孔。

文物鉴赏

这是一件仿金银器的三彩制品，黄珠代表金珠，绿珠代表镶嵌的宝石珠，白色内壳代表白银，釉色光亮，颇具富丽堂皇之感。联珠纹是中亚、西亚一带金银器的主体纹饰，因此此香熏可能受到西方金属制品的影响。

辽代蘑菇型三彩香熏侧面图及顶部图

文物价值

蘑菇型三彩釉香熏作为辽三彩器物的典型，是辽代制陶技艺的最高体现，显现出辽、宋时期生产、生活的相互借鉴、相互影响，是中华民族多元一体、休戚与共的生动体现。联珠纹等外域元素的出现，进一步印证了古代丝绸之路所产生的深远影响。

西夏骑者与骆驼岩画

年代 | 西夏
现藏 | 阿拉善右旗博物馆

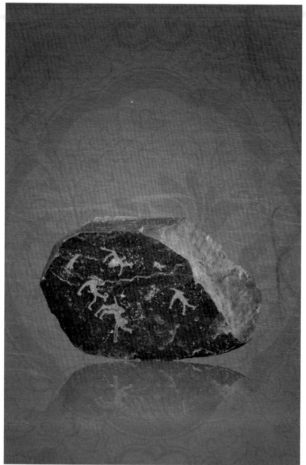

微信扫描二维码
查看数字衍生品

文物介绍

　　该岩画名为"西夏骑者与骆驼岩画"，产生于西夏时期，现藏于阿拉善右旗博物馆，以敲凿与磨刻制成，具有一定的艺术水准。

文物鉴赏

西夏骑者与骆驼岩画来源于阿拉善右旗曼德拉山岩画群。岩石类型为辉绿岩，岩画内容为骑者与骆驼，是阿拉善右旗曼德拉山岩画中刻画人与动物的典型代表。岩画右下方有一个骑马人，前方有一峰奔跑的骆驼，整幅岩画刻画了骑马者正在追逐野骆驼的景象。左侧有一幅简略图形，疑似一个人形。

西夏骑者与骆驼岩画多角度图

文物价值

岩画对骑者和骆驼的刻画，反映了人类驯服骆驼的场景，生动再现了人类放牧的画面。该岩画也为研究我国古代畜牧业发展，尤其是骆驼养殖、驯化、役用等内容提供了珍贵的实物资料，具有重要的科研价值。

西夏文册页

年代 | 西夏
现藏 | 额济纳博物馆

微信扫描二维码
查看数字衍生品

文物介绍

　　该册页纸质，雕版，竖行印刷，折页，文本框墨线竖条。为西夏文佛经，共 10 张残页，每张有 6 至 7 行字，通篇字体繁复、周正，具体内容不详。纸张焦脆，泛黄，有折痕，多处字损，每页均有 1/2 残缺。

文物鉴赏

1036 年，西夏王李元昊命令大臣野利仁荣仿借汉字的造字方法，创制了西夏文字。西夏文字形体方整，笔画繁冗，虽造字原则、文字结构、文字笔画、表意文字、表音成分等均与汉字相似，但也有其特点，如斜笔较多，没有竖钩；单纯字较少，合成字占绝大多数；象形字和指示字极少等。西夏文字流行于 11 世纪上半叶至 16 世纪上半叶，在西夏盛行 190 年。

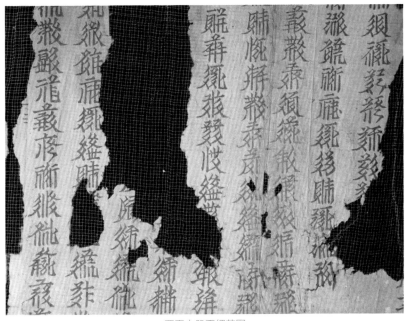

西夏文册页细节图

文物链接

额济纳黑城出土的《番汉合时掌中珠》是西夏文与汉文音译相互对照的语汇辞典，是打开西夏学的钥匙。俄罗斯和中国等早期西夏学者破译西夏文靠的都是这部书，是极其难得的珍贵材料。西夏文字有 6000 多个，现在已经破译 5000 多个。

西夏褐釉剔花双耳小口瓷瓶

年代 | 西夏
现藏 | 达拉特博物院

微信扫描二维码
查看数字衍生品

文物介绍

　　该瓷瓶小口，双耳，短颈，斜肩，直腹，平底，浅圈足。通体施褐釉近足部。腹部剔刻纹饰，三侧六边形开光内各剔刻折枝花卉纹一组，开光外以划花水波纹、草叶纹做底子，具有浅浮雕的装饰效果。外底露胎未施釉，呈土黄色。

文物鉴赏

　　该瓷瓶器型粗犷，纹饰质朴，色泽莹润，剔花简练、线条流畅，稳重典雅。剔花是陶瓷器的传统装饰技法之一，出现于五代晚期至北宋早期。因北方瓷器胎质较厚，更适合剔刻工艺，故而剔花在北方地区较为流行。西夏瓷器上的剔刻花纹一般采用开光构图，使主题纹饰和底纹主次分明、疏密有序，产生强烈的艺术感。剔刻在瓷器上的精美纹饰，是工匠们智慧和汗水的结晶，也代表了西夏制瓷工艺的顶峰技艺。

西夏褐釉剔花双耳小口瓷瓶顶部图及底部图

文物价值

　　西夏与宋朝在政治、经济、文化等方面保持着密切的往来，西夏瓷器作为西夏文化的重要组成部分，是受磁州窑系影响，并结合自身文化习俗创建发展出的粗犷质朴而又极具特色的瓷器。剔刻花纹作为西夏瓷器最为重要的一个特点，展现了西夏人独特的智慧和审美观念。

西夏花瓣口剔花瓷瓶

年代 | 西夏
现藏 | 鄂尔多斯市博物院

微信扫描二维码
查看数字衍生品

文物介绍

　　该瓷瓶胎质较粗，略呈土黄色，花瓣口，直颈细长，球形腹，平底，高圈足、底部外敞。通体施黑酱釉，圈足底端露胎，腹部剔刻两组缠枝牡丹开光图案。

文物鉴赏

这件西夏瓷瓶造型独特，工艺精湛，剔花技法简练，线条流畅，是西夏瓷器中少见的精品。刻画在瓷器上的精美纹饰，是工匠们智慧和汗水的结晶，也代表了西夏制瓷工艺的顶峰技艺。

西夏花瓣口剔花瓷瓶顶部图及底部图

文物价值

西夏瓷器大多绘刻花卉纹，常见的有牡丹纹、云纹等，纹饰线条简约，技法娴熟，图案主题突出，展示了西夏文化的魅力。

金"真容无鉴"铜镜

年代 | 金代
现藏 | 乌兰察布市博物馆

微信扫描二维码
查看数字衍生品

文物介绍

　　该铜镜铭文布于内圈，"真容无鉴"四字行文按顺时针排列，向外沿廊处，即内边环对应渐次铸压虬龙飞凤祥云一周，设中有一桥形圆钮。字间系"倒挂金钟花"四坠，寓意"警示"。窄轮阔面，见照素光。缘上刻有"丰州路事司官于□"边款。

专家认为，"真容"二字应是指"去伪存真"之意，"无鉴"二字可能特指"形迹原本，不失原态"。古代的铜镜最初由官方机构监督铸造，随着民间铸镜手工坊的兴起，镜子背面也渐渐有了铸造师之名。

铸造中有一关键工序，即将镜面加工成为"磨镜"或"开镜"。从铭文中可以看出，该青铜镜注明"真"字，说明当时市场竞争激烈，镜子坊已经有了"打假"意识。

金"真容无鉴"铜镜侧面图

文物价值

"以铜为镜，可正衣冠；以史为镜，可知兴替；以人为镜，可明得失。"镜子的发明是对社会生活的一大贡献，镜子的发展进程本身是人类进步的宝贵沉淀。千年以来，它不仅是日常生活中映照面容的器物，还具有装饰居所、记事言情等作用和文化意义。

风云交融

金耀州窑青绿釉缠枝花香炉

年代 | 金代
现藏 | 林西县博物馆

微信扫描二维码
查看数字衍生品

文物介绍

　　该香炉器物平沿，短颈，削肩，鼓腹，圜底，兽头足。平沿饰回纹一周，颈部饰莲纹一周，肩饰回纹一周，鼓腹上下各饰旋纹一周，腹部旋纹间饰半浮雕缠枝花纹，下饰莲瓣纹，兽头足三个。

该香炉胎骨坚硬，胎质细腻微红，烧制火候较高；造型规整，精巧秀丽，雕工精良，线条流畅；器身施满釉，釉色莹碧，绿中泛黄，光亮滋润，可称耀州窑瓷器中之精品。

金耀州窑青绿釉缠枝花香炉细节图和底部图

文物价值

耀州窑是我国古代著名陶瓷窑之一，遗址位于今陕西省铜川市。鼎盛时期，耀州窑具有相当规模，号称"十里窑场"，所产青瓷式样雅致朴素，质地坚实耐用，釉色青润宜人，冰裂纹样美观。尤其是刻花产品流畅奔放，有"巧如范金、精比琢玉"之感，享誉全国。这件耀州窑香炉为研究我国陶瓷史和古代政治、经济、文化提供了实物资料。

第七章

万流
归一

　　这一章借元代文物，重点展示中国开放包容的文明观和面向世界的文化自信。其中最具代表性的文物为元代青花瓷。通过"元青花玉壶春瓶"等文物，可以看到蕴含在造型和装饰艺术中的中华文化内涵，同时，它们所具有的鲜明外域色彩是中华文化兼容并蓄的具体表现。

元青花玉壶春瓶

年代 | 元代
现藏 | 通辽市博物馆

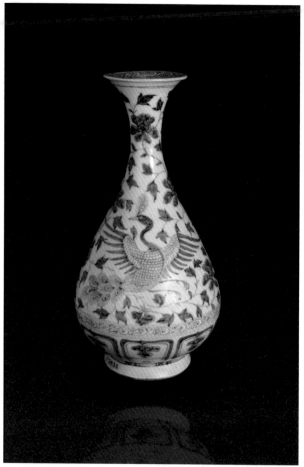

微信扫描二维码
查看数字衍生品

文物介绍

  该瓷瓶为白釉，青花，喇叭口，细长颈，溜肩，弧腹，圈足微外撇。器身整体通饰青花纹饰，口沿内饰一周卷草纹，外侧有两道弦纹，颈与腹部之间满饰缠枝牡丹纹，腹部主体纹饰为一对展翅飞翔的凤凰，垂腹中央用一周卷草纹装

饰，腹底饰八瓣变形仰莲纹，整体画面繁而不乱、层次分明。在成型烧制工艺上采用接胎烧制方法，饱满圆润，胎质细白坚密，釉色光润，青花色泽淡雅。

文物鉴赏

此件元青花玉壶春瓶器型十分完美，喇叭口大小适度，撇足稳重大度，器型曲线优美。在构图上也是十分严谨，凤凰的形态活灵活现，楚楚传神，缠枝纹牡丹的花朵和叶子体现了工笔画和写意画的完美结合，凤为立地翩翩起舞状，凰作空中俯冲状，凤凰起舞，构成一幅美妙画面。

元青花玉壶春瓶顶部图

文物价值

　　青花瓷是白地蓝花釉下彩瓷器的专称，人们常简称为青花。它是用含有氧化钴的钴矿作为原料，在陶瓷胚体上描绘纹饰，再罩上一层透明釉，经高温还原焰火一次烧成的。钴料烧成后呈蓝色，具有着色性强、发色鲜艳、烧成率高、呈色稳定的特点。

　　原始的青花瓷在唐宋就已经出现了端倪，但并没有迅速发展起来，而是走向了衰败。成熟的青花瓷出现在元代景德镇的湖田窑中，元青花也从此开辟了由素瓷向彩瓷过渡的新时代。元青花大大改变了传统瓷器含蓄内敛的风格，以鲜明的视觉效果给人以简明的快感，以其大气豪迈的气概和艺术的原创精神将青花绘画艺术推向了顶峰，也确立了后世青花瓷的繁荣与长久不衰。

　　瓷质玉壶春瓶在宋代问世，是重要的瓷质酒具，其造型和装饰艺术在历史的长河中得到延续和发展。至元，瓷质玉壶春瓶展现出区别于以往的独特魅力。元代瓷质玉壶春瓶的造型和装饰艺术中不仅具有中华文化的精神内涵，还具有鲜明的外域色彩，这是兼容并蓄的中华文化与外域文化广泛交流的具体表现。通过此件玉壶春瓶的造型及装饰特点，可以深入了解我国古代社会生活、政治生态、审美观念等历史信息。

元青花玉壶春瓶底部图

青花缠枝牡丹纹罐

年代 | 元代
现藏 | 包头博物馆

微信扫描二维码
查看数字衍生品

文物介绍

　　此罐直口，圆唇，短颈，圆肩，鼓腹，平底。外壁饰五层青花图案，口沿饰一周栀子花纹，颈部绘有一周花叶纹，肩部饰缠枝莲花间以石榴花纹，腹部为富丽的缠枝牡丹，牡丹花或为正视，或为侧视。其下饰一周窄卷草纹带，底部饰一周仰莲纹瓣。各组图案之间以两道弦纹为界，层次分明，构图完美。青花釉白中泛青，釉面有棕眼，也见黑疵。青花色泽艳丽，有铁锈斑。罐内挂釉，口沿处有一周浅褐色带。外底无釉，有宽浅圈足，呈浆白色，沾窑内垫砂。腹部可见胎的接痕。

文物鉴赏

这件元青花罐属景德镇窑系，造型饱满庄重，体量较大，纹样精美。同类器存世极少。

青花缠枝牡丹纹罐整体图及底部图

文物价值

元青花瓷器是我国瓷器发展史上的一个里程碑，开创了我国瓷器从素瓷向彩瓷过渡的新时代，是我国传统瓷器烧造技艺的一朵奇葩。包头博物馆藏元青花缠枝牡丹纹罐是少有的一件具有明确发掘地点的珍贵文物。该瓷器古朴大气、雍容华贵，寓意富贵荣华、吉祥如意，是劳动人民勤劳智慧的集中体现，也是民族大融合大发展的象征和中外广泛交流的有力见证。在新的历史时期，深入阐释、解读元青花缠枝牡丹瓷罐的历史密码，将为传承和弘扬中华优秀传统文化起到积极的促进作用。

元代青花团龙云纹盘

年代 | 元代
现藏 | 林西县博物馆

文物介绍

此盘圆唇，侈口，弧腹，圈足微外撇。盘内壁腹部饰两道旋纹，旋纹间饰六朵缠枝花纹。盘内底饰团龙云纹，龙纹身躯细长如蛇，龙头呈扁长形，双角，张口露齿，细长颈，四腿细瘦，筋腱凹凸，爪生三指、分张有力，肘毛、

万流归一

99

尾鬃呈火焰状。盘外壁口沿饰一道旋纹，腹壁饰两道旋纹，旋纹间饰七朵缠枝葵花纹。

文物鉴赏

该瓷盘造型精美，画工技法工整精良，线条流畅，青花料深入胎骨，胎质坚硬细腻，为元代青花瓷器中之精品。

元代青花团龙云纹盘细节图及底部图

文物价值

这件青花团龙云纹盘是元青花中的典型。元青花作为我国陶瓷工艺史上的一朵奇葩，以其大气豪迈的气概和艺术原创的精神，留给后人深深的震撼。古人称赞元青花："白釉青花一火成，花从釉里透分明。可参造化先天妙，无极由来太极生。"它上承唐宋，下启明清，是我国陶瓷史上一个重要的里程碑。

钧窑香炉

年代 | 元代
现藏 | 内蒙古博物院

微信扫描二维码
查看数字衍生品

文物介绍

该香炉双立耳，圆鼓腹，三兽足，足尖刻三条爪痕，口沿两侧各有一长方形直耳，口沿至肩部两侧饰兽形耳。颈部雕贴三只麒麟，正面一对麒麟间有一方形题记，刻有"己酉年九月十五小宋自造香炉一个"楷书铭文，背面一只麒麟行走于颈部。腹部装饰四个兽面铺首，因浓釉垂流经过，局部轮廓略显模糊，虚实相映。

文物鉴赏

该香炉通体施天青色釉，因施釉较厚，以致烧制时纵横流于器表，使天青釉面与土黄色露胎处形成强烈对比，呈现出铜器的金属质感。由于积釉浓淡不一，器身色彩如水墨画般晕染开来，颇有水流凝滞之感。其基本釉色是浓淡不一的蓝色乳光釉，具有荧光一般优雅的蓝色光泽，色调古朴优美。整体胎质层次分明，使人感到内容丰富、清新、明快。整体造型浑圆饱满，古朴典雅，浑厚凝重，充分体现出元代恢宏壮阔的气象以及中国古代能工巧匠的非凡技艺，是北方游牧文化与中原文化完美结合的产物。

钧窑香炉侧面图及顶部图

文物价值

该香炉是迄今为止我国发现的器型最大、最完整、制作最精湛的钧窑香炉，堪称国之瑰宝，体现出古代我国多民族、多元文化在碰撞、交融中形成的开放包容的文明观和面向世界的文化自信。

元景德镇窑卵白釉
堆花五彩描金花卉纹高足杯

年代 | 元代
现藏 | 兴安盟博物馆

微信扫描二维码
查看数字衍生品

文物介绍

　　该杯撇口，弧腹，自下腹内收，至颈部与柄相连；竹节状柄呈锥形，上收下展，有三道凸起的弦纹，柄部中空砂底，以釉水与杯身相接，其内壁旋痕明显，偶见卵白釉水。

万流归一

杯通体施卵白釉，其上以沥粉法勾勒出花卉纹饰图案，再以褐色、绿色等颜色及金彩描绘。内口沿两道弦纹，间置四朵栀子花，其下为一朵叶大花小的牡丹，枝繁叶茂，占据了整个下腹及杯心。外壁一周亦为牡丹纹，脱彩较为严重。因胎体轻薄，对视可见对面的纹饰轮廓，极易产生杯身有印花的错觉。杯柄堆彩，上部脱落殆尽，下部堆饰璎珞纹。杯柄原有两处通透的窑裂，均被璎珞纹巧妙掩饰。

元景德镇窑卵白釉堆花五彩描金花卉纹高足杯整体图

文物鉴赏

元代，景德镇制瓷业迎来了继北宋之后的又一个高峰，创烧了多个陶瓷新品种，如青花瓷、卵白釉瓷、沥粉描金瓷等。其中沥粉描金瓷因烧制工艺复杂、存世量稀少而最为珍贵。此件高足杯为卵白釉瓷，胎轻釉薄，迎光即可透视，釉质莹润如玉，有种白玉的质感。这种薄胎的卵白釉瓷是极为少见的。

文物价值

这件瓷器不仅有着极为少见的薄胎瓷质，且装饰花纹的制作工艺采用沥粉技术，也极为特殊。目前，采用这种技术制作的元代瓷器是极为罕见的。沥粉是用传统工艺制作的一个花色品种，其工艺特殊之处在于高出物体平面，呈现出立体花纹效果，然后在它的上面贴金箔、银箔并上色等，具有华贵的感觉。元代的能工巧匠将这种技法巧妙地运用到瓷器上，创造了这个珍贵的瓷器新品种。

这件瓷器虽不是孤品，但与它同级别的同种工艺的高足杯在国内少见。此杯也是国内文博系统首件有明确出土地点的卵白釉堆花描金器，为此类器物的研究提供了宝贵的资料。

元景德镇窑卵白釉堆花五彩描金花卉纹高足杯顶部图

元蟠螭纹玉带饰

年代 | 元代
现藏 | 奈曼旗王府博物馆

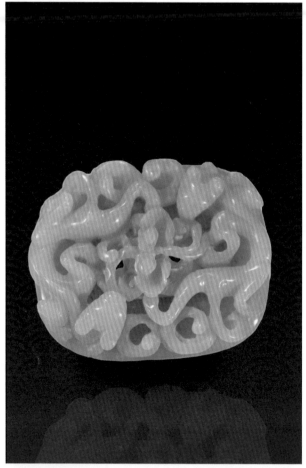

微信扫描二维码
查看数字衍生品

文物介绍

　　此件文物呈长方形，四角磨圆。玉质洁白，温润晶莹。由纯正的和田玉料雕琢而成。通体镂雕，正面上方利用螭尾的弯曲镂雕一环。主题纹饰为双螭首尾相连呈爬行状围绕一灵芝。螭头额宽阔，眉、眼、鼻、口集中，仅占面部的三分之一，四肢左边弯曲，右边后伸，身体向中心弯绕。正面透雕两条螭龙，一上一下，遥相呼应。中间透雕灵芝。螭纹是龙纹的前身，也称螭龙，它有四只脚、一条长尾，头上无角。这种半圆形或近半圆形盘曲的螭纹称蟠螭纹。

文物鉴赏

整个玉雕设计巧妙，主题突出，线条流畅，雕工精细，图案采用圆雕、半圆雕、浮雕、镂空雕、巧雕等制作工艺，层次丰富（多达四层），富有立体感，为元代蒙古族贵族佩戴之物。

元蟠螭纹玉带饰正面图及侧面图

图案中的螭，传说是一种没有角的龙，多呈张口、卷尾、盘曲状。古人一直把螭视为瑞兽，有长寿、辟邪等吉祥寓意。螭龙有着奋力向上的升腾之势，寓意前途顺畅、大业有成、事业如日中天。螭龙的"龙"谐音于"隆"，寓意生意兴隆。

元飞天石雕

年代 | 元代
现藏 | 乌海市博物馆

文物介绍

　　石雕中的飞天身躯短壮，面容圆润丰满，绾发束髻，眯眼微翘，丰鼻小嘴，笑意微含，双下巴。身穿窄袖长裙，项饰璎珞，双手捧花盘，肩披巾带，长带从身后飘飞，身畔祥云相伴，身体呈敞口"U"字形，姿态朴拙。

文物鉴赏

这件飞天石雕造型别致生动，动感极强。飞天体态婀娜，衣带飘逸自如，生动地刻画出飞天飞翔时的律动，使飞动的形体和运动的态势融为一体。

元飞天石雕细节图

文物价值

飞天即在空中飞翔的神仙，常见于佛教壁画和石刻中。飞天一词出自魏《洛阳伽蓝记》卷二："石桥南道有景兴尼寺，亦阉官等所共立也。有金像辇，去地三丈，上施宝盖，四面垂金铃七宝珠，飞天伎乐，望之云表。"飞天诞生于古印度，后传入我国，与我国飞仙艺术融合，成为敦煌壁画艺术中的一个经典形象。

万流归一

109

第八章

匠心璀璨

　　"假天工之巧，可以开物；聚执着匠心，方可出奇。"随着明清两代社会经济的高度发展，生活用具和手工艺品也无不精雕细琢，从中可以体味到匠心璀璨。这一章选取的陶器、瓷器、铜器、银器等一系列精致生活器具，生动展现了此时中华民族团结一心、多元一体的繁荣景象。"清錾花铜托壶"真实反映了中国南北方各族人民在交往交流交融中生活习俗和文化风尚的兼容并蓄，其工艺和造型更是中华文明包容并蓄、蓬勃发展的历史见证。

嘉靖款青花海龙寿字罐

年代 | 明代
现藏 | 通辽市博物馆

微信扫描二维码
查看数字衍生品

文物介绍

　　该瓷罐直口，丰肩，圆腹，平底。器身绘满青花纹饰，肩部饰缠枝莲纹。主体纹饰为双龙纹，双龙似穿越于云海中，中间以"寿"字相隔。底部双行"大明嘉靖年制"六字楷书款。胎质细白、坚密，青花色泽浓艳，青中闪紫，为明代瓷器中的精品。

文物鉴赏

　　此罐造型浑厚，构图繁密严谨，层次分明，主题突出。明代官窑瓷器胎质细洁致密，民窑大多粗糙，嘉靖时期景德镇的优质瓷土均被御窑厂独占。这件青花海龙寿字罐选用优质瓷土，加上精良的淘洗技术，所以胎质洁白而细腻，胎体紧密，烧结得也十分坚硬。

嘉靖款青花海龙寿字罐顶部图

文物价值

　　在明代的陶瓷工艺当中，青花瓷器是一个值得注意的品目。明代青花瓷器的生产，是在继承前代尤其是元代青花瓷器优点的基础上发展起来的，也是青花瓷器发展史上的鼎盛时期，对后世以及域外的影响十分深广。

清錾花铜托壶

年代 | 清代
现藏 | 阿拉善博物馆

文物介绍

　　此壶为紫铜质地，造型流畅、圆润，表面光滑细致，铜质精良，体扁圆，盘式盖。盖顶凸起部分镶有圆形錾花卷草纹白铜饰片，盖中间镶有一周卷云纹形錾花白铜饰片，盖口用素面白铜片装饰包边一周。鼓腹，腹部有竹节圆筒状壶把，壶把与壶体相接处镶有錾花白铜饰片，壶流与壶体相接处镶有桃形錾花白铜饰片。壶流弯曲根部大于口部，流口处以錾花白铜包边一周。圈足外用素白铜包嵌。

文物鉴赏

1984 年阿拉善盟开展文物普查时，在阿拉善左旗巴彦浩特地区征集到该文物。根据其高度、腹径、纹饰等外部特征及容量综合分析，此壶属于盛酒器具。壶身小巧玲珑，光滑饱满，圈足平稳。此壶形制特别，壶流与壶把不在对称的直线位置，且呈 90°，更便于使用。此壶保存状态良好，是一件不可多得的艺术珍品。

清錾花铜托壶细节图

文物价值

此件文物为民俗文物，真实反映了中国南北方各民族在交往交流交融中生活习俗和文化风尚的兼容并蓄，工艺和造型更是中华文明包容并蓄、蓬勃发展的历史见证。对于研究当时工艺美术交流史、经济社会文化史等有着重要的意义，具有很高的历史、艺术和研究价值。

清达斡尔族镶蝙蝠团寿纹银饰火镰

年代 | 清代
现藏 | 达斡尔民族博物馆

文物介绍

　　火镰为铁质，上有皮夹，为银质框架，皮夹上方有铜环，环上有皮条，皮条下端连接木雕饰件莲藕，莲子嵌在莲房内。皮夹里装燧石两块、香草若干，工艺较精细，是达斡尔族用来取火的生活用具。

文物鉴赏

这件火镰造型古朴大方，手持部位为皮质，镶嵌蝙蝠团寿纹银饰，挂绳环为铜质，皮绳顶端接木雕莲藕。整体造型精美，具有独特的风格。

清达斡尔族镶蝙蝠团寿纹银饰火镰

文物价值

明朝万历年间，烟草传入中国后，火镰成为重要的生活用具，不仅家居必备，还增加了随身携带、随时取用的需求。火镰使用面广，且经久耐用，除具实用性外，还是一种身份的象征。

匠心璀璨

清乾隆漆雕诗文花卉纹木胎银碗

年代 | 清代
现藏 | 鄂尔多斯市博物院

微信扫描二维码
查看数字衍生品

文物介绍

　　此碗为木加银胎，里银外木，银碗表面通体漆雕。沿碗口和碗底雕有一圈花卉纹。碗身上雕有乾隆皇帝的诗文《三清茶》，诗末拙笔挥洒，赋诗以记。诗文后有一圆一方印，雕有篆书"乾隆"二字。碗底部雕有篆书"大清乾隆年制"六字。

文物鉴赏

此碗采用独特的漆雕工艺，使得碗的造型精致华美而不失庄重感。其色彩沉稳，字字清晰，文饰精细，具有极高的艺术价值。

清乾隆漆雕诗文花卉纹木胎银碗底部图

文物价值

《三清茶》是乾隆于乾隆十一年（1746 年）秋巡五台山后，返京至定兴时遇雪，在帐中与群臣品三清茶时所作的一首诗。《三清茶》引经据典，写"寒宵听行漏，古月看悬玦"的饮茶意境，实为佳作。更重要的是，乾隆以此诗的清高境界自标，并以此诗创办了三清茶宴，其在位 60年，举办过 44 次。

清"乾隆年制"款涅白地套红雕刻花鸟纹套料瓶

年代 | 清代
现藏 | 呼和浩特博物院

微信扫描二维码
查看数字衍生品

文物介绍

　　此件套料瓶长圆形腹，短颈圆口，圈足外撇。通体涅白地上套宝石红料；官帽形盖上套红雕刻垂落的五瓣如意头纹，盖顶小圆球上覆桃红色叶片；罐体套红凤穿牡丹和菊花纹，中间蝴蝶飞翔，底色乳白；底刻楷体印章款"乾隆年制"，四字在足底以上下左右排列。

文物鉴赏

此瓶造型典雅，胎质润泽，颜色纯正，纹饰华丽而精细，是乾隆朝清宫造办处玻璃厂套料作品中之佼佼者，是乾隆年间白地套红工艺作品的代表作。

清"乾隆年制"款涅白地套红雕刻花鸟纹套料瓶整体图及局部图

文物价值

料器，指用加颜料的玻璃原料制成的器皿或手工艺品。料器制作工艺是我国明清时期工艺品制作工艺之一。其工艺十分讲究，有金星料、点彩、加金、绞丝、搅胎、套料等。此瓶展现了清代料器的精工细制，具有极高的艺术价值和审美价值。

白铜点兰八仙人物火锅

年代 | 清代
现藏 | 察哈尔文化博物馆

文物介绍

　　火锅由锅、盖、烟囱组成。锅内带炉，用于烧炭。锅体满布"八仙"，寓吉祥、安康之意，是各民族共享的中华吉祥文化符号。

文物鉴赏

　　火锅整体造型圆润、大气、典雅，锅壁造型别致，纹饰精美，具有独特的艺术价值和使用价值。

白铜点兰八仙人物火锅整体图

文物价值

　　元朝时期，火锅流传到全国各地。到清朝，火锅不仅在民间盛行，也是一道著名的"宫廷菜"，被称为热锅，清宫御膳食谱上的"野味火锅"还是国宴佳肴。史书记载，乾隆非常喜爱吃火锅。乾隆四十八年正月初十，他在乾清宫筵宴宗室，一次办了530桌火锅，十分壮观。这件火锅器具展现了清朝时期人们的饮食习惯和生活趣味。

第九章

红色
印记

　　中华民族伟大复兴之路是一条信仰之路。沧桑不改、浩气凛然的红色印记，生动地诠释了"星火燎原"的奥秘。"晋绥野战军用瓷碗"是贺龙司令员宴请井沟村群众用过的碗，向我们展示了当年军民鱼水情深的感人画面。"抗日堡垒户李德威留存的信札"讲述了抗日堡垒户李德威在战争中，历经磨难，一次次为我军传递重要情报信息的故事。

晋绥野战军用瓷碗

年代 | 近代
现藏 | 贺龙革命活动纪念馆

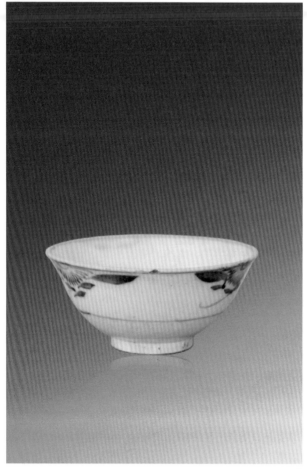

微信扫描二维码
查看数字衍生品

文物介绍

　　此碗是贺龙司令员宴请井沟村群众时用过的碗，白釉青花。1945 年 12 月，贺龙司令员、政治部甘泗淇主任移驻井沟子，在此整训部队，指挥战斗。正逢新春佳节，为感谢群众对部队的支持，部队剧团为乡亲们表演了文艺节目，还从每户人家邀请一个代表共同品尝当地有名的八大碗。这只碗就是当时宴请村民时用过的。虽然是一个普普通通的碗,却向我们展示了当年军民鱼水情深的感人画面。

文物鉴赏

粗瓷笨碗,略显普通,却蕴含着拥军爱民、军民鱼水情深的感人故事。

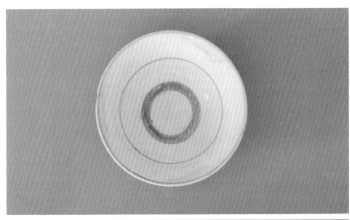

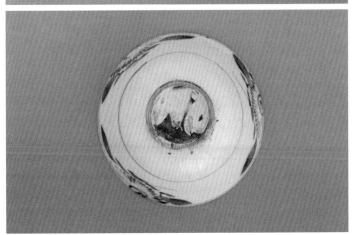

晋绥野战军用瓷碗碗口图及碗底图

文物价值

解放战争时期,贺龙部队三驻凉城,这件文物是军民鱼水情深的重要实物佐证。

抗日堡垒户李德威留存的信札

年代 | 20 世纪 40 年代
现藏 | 贺龙革命活动纪念馆

微信扫描二维码
查看数字衍生品

文物介绍

　　信札一为牛皮纸墨书。封面内容为"面交三间房　郭倩信启　凉邮"，背面无字。信札二为白色麻纸，封面内容为"六区　冯区长启　凉城"，背面为"二区　郭五孩同志 收 六区"。信札三（路条）为泛黄色白纸，用蓝色钢笔书写加盖红色印章。抗日战争时期，抗日堡垒户李德威虽为女同志，

文物活起来：AR 版

128

却在凉城同男同志一起打游击，为我军搜集情报、护理伤员、做军鞋、收烟税、征粮草，甚至深入敌占区做地下工作，为游击队开会和工作做掩护，为部队交送信传递信息，是八路军和游击队可靠的"堡垒户"。解放战争时期，李德威积极宣传中国共产党的政策。1945 年 10 月，在贺龙指挥的卓资山歼灭战中，李德威积极参加支前工作，负责伤员转运。她还先后在凉城的区、县政府做妇女工作。

文物鉴赏

信札虽褶皱磨损，却显现了抗日堡垒户李德威在残酷的战争岁月中，历经磨难，一次次为我军传递重要情报的历史。

抗日堡垒户李德威留存的信札内容图

抗日堡垒户李德威留存的信札信封图

文物价值

此信札是我军民在对敌斗争中传递情报信息的红色革命实证。

鄂伦春族狍角帽

年代 | 近代
现藏 | 鄂伦春自治旗民族博物馆

微信扫描二维码
查看数字衍生品

文物介绍

狍角帽，鄂伦春语称"密塔哈"，也称"狍头皮帽"。这顶狍角帽取材于完整的狍头皮，熟制后，手工缝制而成。眼睛用黑白两色皮子补绣，炯炯有神。帽檐缝制一圈厚毛绒狍皮，平时卷起，天冷时可以放下来防寒，内衬绿色布里。

文物鉴赏

狍角帽造型生动，双角挺立，狩猎时佩戴不但能保暖，还能起到伪装和引诱野兽的作用。狍角帽把人的需求与大自然的灵性相结合，为游猎在山林的鄂伦春人增添了实用性和民族风情。在重要的节庆日，鄂伦春族男子身穿民族服饰，头戴狍角帽，天真可爱的鄂伦春族儿童也戴上狍角帽，跳着轻盈欢快的舞蹈，配以呦呦鸣叫的吸鹿哨声，宛若森林的精灵。狍角帽制作技艺已列入内蒙古自治区非物质文化遗产名录。

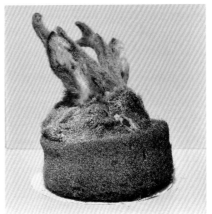

鄂伦春族狍角帽正面图及侧面图

文物价值

鄂伦春人自古游猎于大兴安岭深山密林中，现主要分布在内蒙古自治区呼伦贝尔市鄂伦春自治旗和黑龙江省呼玛县、逊克县等地，生产方式以狩猎为主，采集和渔猎为辅。直至建旗前，鄂伦春族人都处于原始社会末期氏族部落阶段。中华人民共和国成立之后，在党的民族政策的关怀下，1951 年，成立了我国第一个民族自治旗——鄂伦春旗，1952 年改称鄂伦春自治旗。之后，鄂伦春人的社会形态、生产方式、生活方式得到了跨越式发展。1953 年至 1958 年，鄂伦春人逐渐下山定居。1996 年禁猎后，他们放下猎枪，更加注重保护森林生态资源，开展多种经营，并与当地各族人民水乳交融，守望相助，共同建设美好家园。

近现代回族铜汤茶壶

年代 | 近现代
现藏 | 呼和浩特博物馆

微信扫描二维码
查看数字衍生品

文物介绍

此壶为铜制，水口及烟囱为圆形，水口盖呈宝塔状，宽扁执手细直流，广肩鼓腹，平底，圈足。腹底一侧有半圆形火口。此壶造型优美，体积大，独具特色。

文物鉴赏

　　整体造型敦厚朴实，器壁厚重，呈灰黑色，素面，没有过多的颜色及纹饰进行装饰，尽显古朴之风。壶流中部偏上部位与壶身处由金属丝连接，呈云纹状，实用性和美观性兼具。该器物为冲茶汤之用。

近现代回族铜汤茶壶顶部图及底部图

文物价值

　　茶汤作为呼和浩特市保留至今为数不多的传统小吃之一，具有浓郁的地方特色。茶汤味甜香醇，色泽杏黄，味道细腻耐品。铜汤茶壶作为饮食器具保留下来，是对民俗文化的传承与发扬。

后记

　　当代中国正处于实现中华民族伟大复兴的关键时期，新一轮科技革命和产业变革为推动中华优秀传统文化创造性转化和创新性发展带来机遇。2022年5月，中共中央办公厅、国务院办公厅印发《关于推进实施国家文化数字化战略的意见》，为开展文化数字化工作提供了重要遵循。

　　近年来，各地积极探寻利用数字技术让文化遗产"活起来"的有益尝试，成功开辟出数字赋能文化繁荣发展的新路径。这些实践证明，数字技术使得时间、空间不再成为公众感知文化遗产的限制条件，同时也极大地增强了文化遗产的吸引力和体验感，开启了文化体验模式，并提升了相关文化衍生品质。

　　有鉴于此，我们立足科学技术史一级学科，充分发挥文化与科技融合的学科优势，组建中华优秀传统文化传承弘扬重点实验室（以下简称"实验室"），并于2021年成功纳入内蒙古自治区社会科学界联合会创新平台，成为自治区首批文科重点实验室。实验室利用数字技术强化文物、传统工艺和数字古籍的保护、传承与综合利用，让这些文化遗产能感知、能触摸，"活"在当代人的生活中。

　　《文物活起来：AR版》展现的即实验室以数字技术赋能文物"活起来"所取得的成果。本书整体工作由董杰统筹规划实施，张佳音、张涛参与策划；内蒙古师范大学党委委员、统战部部长吴爱华组织学校相关专业师生协助完成，请"石榴籽民族团结进步教育示范班"的同学代言文物，并将之融入学校铸牢中华民族共同体意识教育中；自治区党委宣传部文资处处长阎敏协调全区文博单位提供相关文物文字、图片等材料；曹艺、沈晓倩、徐晓虹负责文字校对；内蒙古师范大学设计学院李洋与王睿志带领邢玥莹、胡孟泽、刘文杰、刘亦冉进行建模及海报制作等，李腾、史琳杰、云鹭、李鑫祺、叶森磊、刘烨侒进行 Gif 视频制作，刘万鹏、胡邵聪、宣海琴负责模型加工、渲染以及平台技术保障；李洋、张宇、王宇负责书稿的设计、排版工作；李亚楠负责后勤保障工作。

本书的文物介绍及图片由内蒙古博物院、内蒙古自治区文物考古研究院、呼和浩特博物馆、包头博物馆、鄂尔多斯市博物院、乌海市博物馆、通辽市博物馆、内蒙古河套文化博物院、呼伦贝尔历史博物馆、乌兰察布市博物馆、兴安盟博物馆、锡林郭勒盟博物馆、阿拉善博物馆、科尔沁右翼中旗博物馆、翁牛特旗博物馆、敖汉博物馆、阿鲁科尔沁旗博物馆、林西县博物馆、阿拉善右旗博物馆、额济纳博物馆、辽中京博物馆、科尔沁左翼中旗哈民遗址博物馆、库伦旗博物馆、奈曼旗王府博物馆、伊金霍洛旗郡王府博物馆、达拉特博物馆、昭君博物院、乌审旗博物馆、莫力达瓦达斡尔族自治旗达斡尔民族博物馆、鄂伦春自治旗民族博物馆、贺龙革命活动纪念馆、察哈尔文化博物馆 32 家文博单位（排名不分先后）提供。时任内蒙古师范大学党委书记阿拉坦仓、时任自治区党委宣传部副部长乌恩奇、内蒙古自治区文化和旅游厅副厅长蔚治国、内蒙古自治区文物局博物馆处副处长张亚强以及相关文博单位工作人员给予大力支持，责编王瑶、贾大明做了辛苦的编辑加工工作，特向以上单位和人员致谢！

本书得到内蒙古师范大学基本科研业务费专项资金（2022JBTD016）资助。该成果有力地推动了文化数字化成果的运用。目前，与书相配套的"以物说史见文明 同心共筑中国梦"主题体验馆已经在昭君博物院、鄂尔多斯市铸牢中华民族共同体意识实践基地等单位得到应用。数字技术让文化遗产有效融入文化场所、教学单位、旅游景区的数字化运用，构建了线上线下一体化的文化体验空间，使受众在虚实结合中与文物产生互动，在互动中感知文化，从而推动中华优秀传统文化创造性转化和创新性发展，让活起来的文化遗产有效服务中国式现代化建设。

董 杰

2023 年 2 月于呼和浩特